Salzes

Geschmack

Erläuterungen zum Kurs 13/II des Faches Katholische

Religionslehre

von Axel Burghausen

Salzes

Geschmack

Erläuterungen zum Kurs 13/II des Faches Katholische

Religionslehre

von Axel Burghausen

Zum Titelbild: Burkhard Mohr, Ohne Titel, in: Ulrike Baumann - Friedrich Schweitzer (Hrsg.), Religionsbuch Oberstufe, Berlin 2014, 174. Copyright: Burkhard Mohr

Impressum
Bibliografische Information der Deutschen Nationalbibliothek: Die Deutsche Nationalbibliothek verzeichnet diese Publikation in der Deutschen Nationalbibliografie; detaillierte bibliografische Daten sind im Internet über dnb.dnb.de abrufbar.

© 2021 Axel Burghausen
Herstellung und Verlag: BoD – Books on Demand, Norderstedt
ISBN: 978-3-7534-7888-3

Inhaltsverzeichnis

Vorab: Salz der Erde

Ihr seid das Salz der Erde. Wenn das Salz seinen Geschmack verliert, womit kann man es wieder salzig machen? (Mt 5,13)

Ohne Salz schmecken Speisen fade, es fehlt der geschmackliche Hintergrund, vor dem sich die anderen Zutaten hervorheben können. Salz spielt aber auch eine wichtige Rolle als Konservierungsmittel, zur Reinigung, zur Heilung. Von zwei jeweils dreitägigen Aufenthalten im Sinai weiß ich, dass der menschliche Körper Salz benötigt, um Flüssigkeit halten zu können. Wasserzufuhr alleine reicht da nicht. Seitdem esse ich in warmen Ländern auch meinen Joghurt immer mit Salz und bestreue das Brot zusätzlich damit. Salz ermöglicht Leben; es kann aber auch – wie alles, was man übertreibt – zur Verödung ganzer Landstriche und zum Absterben bisher artenreicher Gewässer führen.

Reines Salz kann seinen Geschmack nicht verlieren. Jesus meint mit seinem Gleichnis wahrscheinlich Salz, das feucht geworden ist oder mit anderen Substanzen gemischt wurde, die verderben können. Salz aber, das nicht mehr salzig ist, ist unbrauchbar, Man kann auch darauf verzichten.

„Ihr seid das Salz der Erde" ist eine Zuschreibung – und eine Ermutigung zugleich, Indikativ und Imperativ. Und angesprochen ist der einzelne Christ: Wenn du an Gott glaubst, wenn du Gott verherrlichen möchtest, dann wird sich das auch in deiner

Lebensweise ausdrücken. Du kannst gar nicht anders, als „schmackhaftes Gewürz" zu sein. Aber Salz, das nicht mit den Speisen in Berührung kommt, ist auch unbrauchbar. Es reicht nicht, sich im Binnenraum christlicher Gemeinde einzurichten. Christen leben in der Welt. Mit ihren Fähigkeiten und in ihrer jeweiligen Umgebung treffen sie auf Menschen, leben mit ihnen, stehen ihnen in ihren Nöten bei. Ihr Glaube wird praktisch durch ihr selbstverständliches Handeln, nicht durch erklärendes Reden. Im einzelnen Christen nimmt sein Glaube Gestalt an.

Ein solches Verhalten wird auf die anderen wirken, es kann die Welt verändern. „Seht, wie sie einander lieben", formulierte der Theologe Tertullian. Es geht aber nicht um eine Werbemasche mit dem Ziel, die Anzahl der Mitglieder zu vergrößern. Dennoch wird das Erscheinungsbild der Kirche seine Wirkung erzielen, positiv oder negativ, je nachdem, wie weit sie Menschen, in ihr und außerhalb, fördert, das Leben selbstbestimmt zu gestalten und die eigenen Möglichkeiten zu entfalten.

Lessings Ringparabel (vgl. 2.3) ruft unter den Religionen zu einem Wettbewerb der Liebe auf. Wer sich auf die Liebe beruft, soll sie auch leben und nicht nur theoretisieren (wie ich hier). Und die richtige Religion kann nur die sein, die Gottes Liebe zum Wohle der Mitmenschen lebt. Aber es ist ein Wettstreit eigener Art. Es geht nicht darum, „besser" zu sein als die anderen, die „Gegner" zu schlagen, mit raffinierten Projekten Staat zu machen. Sieger dieses Wettstreits wird niemals das „Christentum" sein, es sind immer die Menschen, die davon profitieren, dass mindestens eine Religion ihrem göttlichen Auftrag gerecht wird. Umso besser, wenn es auch am Ende der Zeiten drei gleichwertige „Ringe" gibt.

Die 13/II (Q 2) ist sehr kurz, sie besteht aus nur einem Quartal. Damit dieses Buch nicht zu dünn wird, habe ich noch eine Einheit ergänzt (Teil 4). Das Buch Jona habe ich nie in der Gymnasialen Oberstufe unterrichtet. Es ist aber von meinem Studium her eine meiner biblischen Lieblingsschriften und es passt perfekt an diese Stelle. Es nimmt die Thematik des Kurses noch einmal auf und führt den Schüler (bzw. den Leser) aus den theologischen Erwägungen in sein Leben zurück.

Ich danke noch einmal Dr. Claudia Schadt-Krämer. Ohne sie wären die fünf Bände meiner Erläuterungen nicht zustande gekommen. Sie brachte mich überhaupt erst auf die Idee zu meinem Projekt und half mir anschließend bei der Anfertigung der druckfertigen PDF-Dateien. **Vielen Dank, Claudia!**

1 Jesus predigte das Reich Gottes, gekommen ist die Kirche?

Grundlage: Joseph Ratzinger: Kirche und Reich Gottes
Markus Knapp: Jesus und die Kirche Apg 2,43-47; 4,32-37

Das Wort Evangelium stand ursprünglich für eine wichtige Nachricht des römischen Kaisers in den Provinzen des Reiches. Was es auch sei, es müsse ja eine „frohe Botschaft" sein, denn jede Nachricht des Kaisers bedeute eine Veränderung zum Guten.

Den Begriff übernahm dann das frühe Christentum für die Verkündigung Jesu und für die Bücher, die sein heilbringendes Handeln erzählten. Denn nicht der Kaiser bedeutet Heil für die Menschen, das ist nur Propaganda, sondern einzig Gott in Jesus Christus. Und der zentrale Inhalt von Jesu Verkündigung ist das Kommen des Reiches Gottes.

Das von den frühen Christen nahe erwartete Gottesreich ist heute nach 2000 Jahren immer noch nicht gekommen. Die christliche Botschaft veränderte nach Ostern ihren Schwerpunkt. Nicht mehr das Reich wurde in erster Linie verkündet, sondern Christus selbst, das durch ihn geschenkte Heil, das auch in dieser „Zwischenzeit" für die Menschen wirkt, die es gläubig annehmen. Die Jüngergemeinde Jesu aber hat sich in der Kirche institutionalisiert. Vom französischen Theologen Alfred Loisy (1847-1940) stammt das Wort: „Jesus verkündigte das Reich

Gottes, und gekommen ist die Kirche." Obwohl er den Satz nicht ironisch gemeint hat, lesen viele ihre eigene Enttäuschung in ihn hinein. Die begeisterte Erwartung, der Aufbruch der Anfangszeit, ist zusammengebrochen, was geblieben ist, sei ein minderwertiges Zerrbild der ursprünglichen Sehnsucht.

Hat Jesus die Kirche gegründet? Nein, ausdrücklich nicht. Das hätte wohl auch seiner eigenen Naherwartung widersprochen, auch wenn Jesus realistisch eingeräumt hat, dass er nicht weiß, wann das Ende eintritt (Mt 24,36). Entspricht es aber Jesu Anliegen, dass seine Jünger sich nach seinem Weggang zusammengetan haben, um sein Werk fortzuführen? Das ist ganz sicher der Fall, auch wenn man sich über die Art, wie das in zwei Jahrtausenden geschehen ist, durchaus Gedanken machen sollte.

Jesus scharte von sozialer Herkunft und Charakter sehr unterschiedliche Menschen um sich. Er lebte, lehrte und aß in Gemeinschaft mit ihnen, in einer Art Wanderkommune. Symbolisch sonderte er zwölf Personen aus, um – in Anlehnung an die zwölf Stämme Israels – das neue, endzeitliche Gottesvolk zu konstituieren. Dass die um ihn gescharte Gemeinschaft auch nach ihm weiter existiert, war ganz sicher in seinem Sinne. Und diese Gemeinschaft bezog sich unmittelbar auf ihn, indem sie auf seinen Namen taufte und in Erinnerung an ihn das Brot brach. Angetrieben wurden sie dabei vom Geist Jesu, der sie am

Pfingsttag aus ihrer Isolation herausgerufen hat (Apg 2). In ihm bleibt Jesus gegenwärtig, auch wenn er nicht anwesend ist.

Die Sammelberichte Apg 2,43-47 und 4,32-38 stellen das Leben der Jerusalemer Urgemeinde stark idealisierend dar, verdeutlichen aber auch, was Kirche ist und wie sie handelt. Sie verkündete Christi Auferstehung als das Zentrum ihrer Hoffnung. Sie unterwarf sich weiterhin den jüdischen Riten im Tempel, betete aber auch gemeinsam und „brach das Brot", erfüllte also Jesu Auftrag beim Abendmahl: „Tut dies zu meinem Gedächtnis." (Lk 2,19) Und sie half den Menschen, die sich in Not befanden. (Martyria = Zeugnis, Verkündigung; Leiturgia = Gottesdienst; Diakonia = Bruderliebe, soziales Engagement). Dass die Reichen alles verkauften und den Armen gaben, ist sicher eher ein Ideal als Realität, zumal anschließend eine (einzige) Person namentlich genannt wird, die das getan haben soll. Wenn aber wirklich alle Reichen ihren Besitz weggegeben haben, könnte man verstehen, warum die Gemeinde in Jerusalem mittelfristig nichts mehr hatte und auf die Spenden aus Griechenland (durch Paulus) angewiesen war. Auch dass die Gemeinde „Ein Herz und eine Seele" gewesen sei, bewahrheitet sich nicht, wenn man die folgenden Kapitel der Apostelgeschichte und die dort geschilderten Konflikte wahrnimmt.

Das mag ein wenig beruhigen. Die Jünger Jesu, die ihn zu Lebzeiten verraten, verleugnet, nicht verstanden haben, bleiben auch nach Ostern ganz normale Menschen mit ihren Fehlern und Halbheiten. Wir heutigen Christen brauchen uns also nicht zu verstecken, wenn unsere „Heiligkeit" eher eingeschränkt ist. Und dennoch: Der einzelne Christ und die Gemeinschaft der Kirche als Ganze sollten ehrlicher reflektieren, ob ihre Erscheinungsweise noch der Intention Jesu entspricht.

Die Institutionalisierung und Hierarchisierung waren sicher notwendig, damit die Kirche in der Geschichte bestehen konnte. Auch in der heutigen globalisierten Welt hat es Vorteile, wenn Verfahrensweisen, Glaubensartikel und Riten international miteinander abgestimmt werden. Damit Kirche aber lebendig bleibt, sollte sie den Rat des heiligen Paulus befolgen: „Löscht den Geist nicht aus!" (1 Thess 5,19)

2 Der eine Christus und die vielen Religionen

2.1 Anteil an der einen Wahrheit

Grundlage: zwei Karikaturen
              kirchenamtliche und liturgische Texte
              Konzilsdokument: Nostra aetate

In einer Karikatur von Burkhard Mohr (s. Titelbild) halten drei „Geistliche" als Vertreter ihrer Religionen ihr jeweiliges „heiliges Buch" Gott entgegen: ein Rabbi die Thorarolle, ein evangelischer Pfarrer die Bibel, ein Imam (oder Mullah) den Koran. Sie strecken sich nach oben, gehen sogar auf die Zehenspitzen, als wollten sie rufen: Ich, ich, ich! Nur ich vertrete die Wahrheit. - Über einer Wolke ist Gott zu sehen. Blick und Geste zeigen seine Ratlosigkeit. Wie soll er sich angesichts dieser Szenerie verhalten? Und vor allem: Wie soll er sich entscheiden?

In einer Karikatur von Jan Tomaschoff ist Gott, auch hier auf einer Wolke, bei einem (theologischen) Kunststück zu sehen. Wie ein Jongleur seine Bälle in der Luft hält und dabei Kunstfiguren „zeichnet", so vollführt Gott sein „Kunststück" mit fünf Symbolen, die für unterschiedliche Religionen (und Konfessionen) stehen: einem lateinischen Kreuz (westliches Christentum), einer sitzenden Buddhafigur (Buddhismus), einem Davidstern (Judentum), Halbmond und Stern (Islam) und Andreaskreuz (östliches Christentum). Die halb heraushängende Zunge, aber auch der Blick Gottes machen deutlich, dass ihn sein Spiel anstrengt. So viele verschiedene Religionen in ein Gleichgewicht zu halten, scheint selbst für ihn eine nur schwer zu bewältigende Aufgabe zu sein.

„Außerhalb der Kirche kein Heil." Diese Aussage aus dem 3. Jh. bezog sich ursprünglich nicht auf Gläubige anderer Religionen, sondern auf Abtrünnige, auf Menschen, die ohne Bezug zur Kirche ihren Glauben an Jesus Christus leben wollten. Gegen eine solche Handlungsweise verweist der Satz auf die Sakramente und andere kirchliche Heilsmittel. Diese könne man nicht einfach ersetzen oder kopieren.

Schon früh wurde die Aussage aber auf das ewige Heil des Menschen bezogen und mit ihr der exklusive Anspruch der katholischen Kirche begründet. Zum Dogma (kirchlichem Glaubenssatz) wurde diese Auffassung beim Konzil von Florenz (1438-1445). Das Dokument bezieht sich neben den Häretikern (Abweichlern, Abtrünnigen) auf Heiden und Juden. Alle diese Gruppen würden „ins ewige Feuer wandern". Das Heil könnten nur diejenigen erwerben, die sich haben taufen lassen und der Kirche treu geblieben seien. Selbst die gerechtesten und liebevollsten Menschen könnten nicht gerettet werden, wenn sie nicht Glieder der Kirche seien.

Allerdings wurde in der kirchlichen Tradition immer schon eine Ausnahme gemacht: Wer ohne eigene Schuld noch nie etwas von Christus und der Kirche gehört und dennoch ein gutes Leben geführt habe, könne ebenfalls gerettet werden. Aber muss dieser Bereich nicht ausgeweitet werden? Jeder Mensch ist elementar von seiner Herkunft und seiner Umgebung beeinflusst. Was die Eltern ihm gegenüber vertreten, wird er in der Regel voller Überzeugung übernehmen. Das heißt, dass z.B. ein Muslim auch dann nicht zum Christen wird, wenn er von Jesus Christus gehört hat. Ihm fehlt die innere Fähigkeit, sich zu einem anderen Glauben überzeugen zu lassen. Der katholische Theologe Karl Rahner (1904-1984) erweiterte daher die Menge der potentiell Geretteten auf alle Nichtchristen und entwickelte den Begriff des „anonymen Christen" (im Gegensatz zum ausdrücklichen Christen). Jeder Mensch, der Gottes Gebote halte und Werke der Liebe vollbringe, könne das ewige Heil gewinnen, auch wenn er nicht zur Gemeinschaft der Kirche gehöre. Er werde – ohne es zu wissen – von Christus durch sein Kreuzesopfer gerettet. Als guter Mensch sei er gleichsam „Christ".

Der Begriff des anonymen Christen bedeutet einerseits eine Vereinnahmung Andersgläubiger. Vielleicht will ein Muslim gar nicht von Christus gerettet werden, da er überzeugt ist, in der Erfüllung seiner religiösen Gebote das Heil zu finden. Vielleicht will ein Jude kein anonymer Christ sein, weil er sich daran erinnert, was Christen seinen Glaubensgeschwistern im Namen ihres „Erlösers" jahrhundertelang angetan haben. Andererseits gelang Rahner mit seinem Ansatz aber der entscheidende Durchbruch zu einer größeren Offenheit der katholischen Kirche. Das Zweite

Vatikanische Konzil (1962-1965) formulierte ausdrücklich die Heilsmöglichkeit für alle gerechten Menschen.

In der Erklärung „Nostra aetate" geht das Konzil auf das Verhältnis der Kirche zu den nichtchristlichen Religionen ein. Es sieht diese Glaubensgemeinschaften auf einer ehrlichen Suche nach der Wahrheit von Gott und Mensch und spricht ihnen zu, Teile dieser Wahrheit gefunden zu haben („einen Strahl jener Wahrheit …, die alle Menschen erleuchtet"). Während dem Christentum also nach Auffassung des Konzils die volle Wahrheit Gottes offenbart wurde (soweit das überhaupt möglich ist), sei die Lehre der anderen Religionen nicht einfach falsch, sondern eher unvollständig. Im Bild könnte man an ein Sonnensystem denken, in dem die Religionen als Planeten um die Sonne Gottes kreisen. Das Christentum als diejenige Religion, die der Sonne am nächsten ist, „badet" sozusagen im göttlichen Licht, doch auch die weiter entfernten Planeten werden noch von der Sonne beschienen. Nostra aetate öffnet also die Heilsmöglichkeiten der Menschen, ohne auf den christlichen Wahrheitsanspruch zu verzichten: Jeder Mensch kann auf seinem religiösen Wege das Heil erlangen, letzter Maßstab des Heils bleibt aber Jesus Christus. Die christliche Exklusivität wird durch eine Inklusivität (eine Hereinnahme) abgelöst.

Der Islam wird in der Erklärung nur (enttäuschend) kurz abgehandelt. Im Wesentlichen werden die Gemeinsamkeiten beider Religionen aufgelistet und daher ihre Nähe betont. Zur Zeit des Konzils gab es wohl noch keine ausdifferenzierten Dialogbemühungen mit dem Islam. Man merkt dem Konzil hier seinen guten Willen, aber auch eine gewisse Ratlosigkeit an.

Expliziter und ausführlicher geht die Erklärung dagegen auf auf das Verhältnis der Kirche zum Judentum ein. Deutlich wird betont, dass das Christentum aus dem Judentum heraus entstanden ist und nur von diesem Ursprung her verstanden werden kann. Der Absatz verweist auf das Bild des heiligen Paulus vom wilden Schößling (der Heiden), der auf den guten Ölbaum aufgepfropft worden sei (Röm 11,17-24). Er betont damit auch die fortbestehende Gültigkeit des Gottesbundes mit Israel. Zugleich beklagt Nostra aetate hier die Verantwortung der Christen für die Schmähung und Verfolgung der Juden.

Den Umbruch in den theologischen Aussagen zum Judentum zeigt ein Vergleich der Karfreitagsfürbitten, die traditionell ein Gebet für (oder ursprünglich gegen?) die Juden enthalten. In der Fassung von 1570 werden sie als treulos und verblendet bezeichnet. Sie hätten einen „Schleier" vor ihrem Herzen. Es wird darum gebetet, dass sie ihrer „Finsternis" entrissen und in das „Licht" Christi geführt würden. Sie sollen also ihrer eigenen Religion abschwören und sich zum Christentum bekennen.

In der Fassung von 1976 wird dagegen herausgestellt, dass Gott mit seinem Bund die Juden zu seiner besonderen Nähe erwählt habe. Diesem Bund seien sie bis heute treu und liebten Gott. Gebetet wird darum, dass sie die „Fülle der Erlösung" erlangen, wie es Gottes Verheißung entspricht.

Bemerkenswert an der geschilderten Veränderung ist, dass hier zwei gleichwertige Wege zum Heil anerkannt werden, das Christentum also nicht mehr den einzigen, aber auch nicht den bevorzugten Weg darstellt. Als Gott seinen Bund mit Israel geschlossen hat, wird er keine halbe Sache gemacht haben.

Zunehmend reagieren auch jüdische Theologen auf diese Öffnung. In einer Erklärung wird das Christentum als göttlich gewollt und als ein Geschenk für die Völker (die sozusagen in Gottes Geschichte mit den Menschen hineingenommen wurden) bezeichnet. Keine der beiden Religionen könne ihren Auftrag alleine erfüllen, sie seien aufeinander bezogen.

2.2 Wenn alles gleich gültig ist, ist dann alles gleichgültig?

Grundlage: Karl-Josef Kuschel: „Wahrscheinlich ist nichts ganz wahr"
Karl-Josef Kuschel: Die lästige Zumutung der Bibel

Der amerikanische Theologe John Hick (1922-2012) kritisierte die inklusive Position der katholischen Kirche. Nach einer Zeit eines arroganten Überlegenheitsgefühls sei man nun zu einem gönnerhaften Schulterklopfen übergegangen. Die Werte und Erfahrungen der anderen Religionen würden eben nicht anerkannt, auch wenn man ihren Gläubigen den möglichen Zugang zum ewigen Heil zuspreche. Mit der Betonung inhaltlicher Gemeinsamkeiten mit dem Christentum stelle man nur den eigenen Wahrheitsanspruch heraus.

Hick vertritt die Auffassung, dass es eine Vielzahl gültiger menschlicher Antworten auf das göttliche Geheimnis, eine Vielfalt an göttlichen Offenbarungen, eine Vielfalt von Wegen zum Heil gibt. Das liege daran, dass jede menschliche Erkenntnis perspektivisch gebunden an Kultur, Sprache, Umweltbedingungen sei. Der Anspruch, die einzig (vollständig) wahre Gotteserkenntnis zu haben, übergehe dieses Phänomen. Die Gotteserfahrungen der heiligen Bücher gälten also nebeneinander. Zudem werde die Wirklichkeit Gottes begrenzt, wenn sie in nur einer Tradition und einer Glaubensvorstellung umfassend darzustellen wäre.

Der amerikanische Theologe Paul Knitter (geb. 1939) betont, dass das Wesen aller Realität plural sei. Auch Gott bedürfe der Vielfalt, um Gott zu sein.

Die Position von Theologen wie Hick und Knitter nennt man die pluralistische Religionstheologie. Nach ihrer Auffassung seien alle (oder mindestens viele) Religionen eine unterschiedliche Annäherung an die göttliche Wirklichkeit. Jesus sei nur für Christen der zentrale Heilsmittler.

Der Theologe Karl-Josef Kuschel (geb. 1948) hält dieser Auffassung entgegen, dass sich die Bezeugung eigener Wahrheit und der Respekt vor anderen Zeugnissen nicht ausschlössen. Im Gegenteil sei eine klare eigene Position eine wichtige Voraussetzung für interreligiösen Dialog. Ebenso ginge es aber auch um den Willen, die Wahrheit des anderen zu verstehen.

Gott sei für Christen kein unbegreifliches Dunkel, weil er sein Geheimnis in Person und Handeln Jesu offenbar gemacht habe. Jesu Geist sei ein Angebot, einen Neuanfang als „neue Menschen" zu wagen. Wo daher „Güte, Demut, Milde und Geduld gelebt werden, wo immer Vergebung herrscht, Liebe und Frieden", da herrsche der Geist Christi. Dieser Geist sei für Christen in allen Völkern und Religionen präsent. Alle müssten sich auch danach messen lassen.

2.3 „Der echte Ring aber ging verloren."

Grundlage: Gotthold Ephraim Lessing: Nathan der Weise (III/7)
        Martin Buber:Von den Religionen

Die „Ringparabel" bildet den zentralen Teil von Lessings Drama „Nathan der Weise" (1779) und verdeutlicht die Intention seines Verfassers. Der Kern der Geschichte hat aber eine lange Tradition in orientalischer Überlieferung, die dann über Spanien nach Europa kam und dort durch Giovanni Boccaccio bekannt wurde.

Die Parabel bildet den Inhalt eines Gesprächs zwischen dem muslimischen Sultan Saladin (1138-1193) und dem jüdischen Kaufmann Nathan. Der mächtige Sultan möchte seinen machtlosen, aber reichen Gesprächspartner in eine Falle locken, um ihm dringend benötigtes Geld abzupressen. Er fragt ihn nach der seiner Meinung nach wahren Religion. Nathan ist sich der Falle und der Gefahr für Besitz und Leben bewusst. Die Erzählung von den Ringen soll ihm heraushelfen.

Ein Vater von drei Söhnen besitzt einen kostbaren Ring, den er demjenigen anvertrauen möchte, der sein Erbe übernehmen soll. Außerdem besitzt dieser Ring eine Zauberkraft, die seinen Träger bei seinen Mitmenschen beliebt macht. Da der Vater aber alle drei Söhne in gleicher Weise liebt und sich nicht entscheiden kann, lässt er zwei identische Ringe nachmachen und gibt jedem Sohn einen Ring. Nach seinem Tode entbrennt unter den Söhnen ein Streit um das Erbe. Keiner der Ringe entfaltet seine Zauberkraft.

Nathan wendet diese Story auf Gott und die drei monotheistischen Religionen Judentum, Christentum und Islam an. Auf Saladins Einwand, dass sich diese Religionen sehr wohl unterschieden, anders als Ringe, verweist er darauf, dass sie bei allen Unterschieden in Äußerlichkeiten auf geschichtlicher Überlieferung beruhten. Die Nachkommen vertrauten aber der Wahrhaftigkeit ihrer Vorfahren. Für sie könne daher jeweils nur ihre Religion die wahre sein.

Nathan lässt am Ende der Parabel einen Richter auftreten, der sich eine Entscheidung, welcher Ring der echte sei, nicht zutraut. Da kein Ring die Zauberkraft habe, den Träger bei seinen Brüdern beliebt zu machen, müssten alle drei Ringe falsch sein. Sie wirkten nicht über den Träger hinaus. Der Richter verbindet diesen Entscheid mit einem Appell. Die Brüder sollten durch menschliches, liebevolles Verhalten ihren Mitmenschen gegenüber erweisen, dass sie des Ringes würdig sind. Dieser Appell richtet sich natürlich an die drei Religionen. Sie sollten ihre Zeit nicht damit vergeuden, sich untereinander um die Wahrheit Gottes zu streiten, sondern diese Wahrheit und ihre Legitimation durch ihre Taten, die Welt menschlicher zu machen, an den Tag legen. Am Ende der Zeiten werde die Echtheit ihrer Liebe beurteilt.

Dieses Motiv eines Wettstreits zum Guten findet man in ähnlicher Weise auch im Koran. Nachdem in Sure 5 gesagt wurde, „Wir" (d.h. Gott) hätten Juden, Christen und „dir" (den Muslimen) jeweils ein Buch herabgesandt, steht in V. 48: „Für jeden von Euch haben Wir eine Richtung und einen Weg festgelegt. Und wenn Gott gewollt hätte, hätte Er euch zu einer einzigen Gemeinschaft gemacht. Doch will Er euch prüfen in dem, was er euch hat zukommen lassen. So eilt zu den guten Dingen um die Wette. Zu Gott werdet ihr allesamt zurückkehren, dann wir Er euch kundtun, worüber ihr uneins waret." (Übersetzung Khoury)

Eine Religion, die nicht wirkt, steht also immer im Verdacht, die falsche zu sein, egal, wie raffiniert die Theologen argumentieren. Richtig ist auch, dass viele Unterschiede der Religionen nur symbolischen Charakter haben. (Aber was heißt hier schon „nur"?) So ist es für den einzelnen Menschen im Grunde gleichgültig, ob er am Freitag, Samstag oder Sonntag die Arbeit ruhen lässt und seinen Glauben feiert. Aber Lessing verbindet seine Gedanken mit einer Relativierung verfasster Religion überhaupt. In seinen theoretischen Texten sieht er einen grundlegenden Unterschied zwischen der Religion Christi und christlicher Religion. Christus habe aus seinem natürlichen Impuls heraus richtig gehandelt. Die meisten Menschen bräuchten aber eine Krücke, um zu einem ethisch guten Leben zu gelangen. Es komme darauf an, irgendwann die Krücke wegzuwerfen und aus eigenem Impulse zu gehen. Das Wesen von Religion könne also nur sein, sich selber abzuschaffen. In den Gedanken Lessings wird (natürliche) Religion auf Ethik reduziert, und das ist meiner Meinung nach eine problematische Verkürzung.

Der jüdische Religionsphilosoph Martin Buber (1878-1965) vergleicht die Religionen mit benachbarten Häusern. Durch die geöffneten Fenster könne das göttliche Licht eindringen. Wer aber sein Haus verlasse, sei heimatlos geworden und empfange nur „kaltes Licht". Nur als Behauster finde der Mensch also die Gemeinschaft mit Gott, dennoch sei der Behauste mehr als das Haus. Weder dürfe die Religion zum Selbstzweck werden, noch ein Monopol auf Gott behaupten. Jede Religion sei menschliche Wahrheit, nicht aber absolute Wahrheit. Im Rahmen ihrer Möglichkeiten solle sie sich bemühen, Gottes Willen zu erfüllen. Und durch die offenen Fenster könne man sich gegenseitig grüßen und unterstützen.

Einer Gegenseitigkeit der Religionen würde eine neue Über-setzung von Mt 28,19 (traditionell als Missionsbefehl verstanden) entsprechen: „Geht bis an die Grenzen der Welt und ladet alle ein, mit euch zu lernen (wörtlich: verschülern)." Diese Formulierung verdeutlicht, dass auch das Christentum bereit sein muss, immer dazuzulernen, um Gott besser „verstehen" zu können, und dass es dabei von anderen Religionen lernen kann, so, wie das auch umgekehrt geschieht. Dabei brauchen Christen ihre Botschaft nicht zu verstecken. Die Initiative geht in Mt 28,19 von ihnen aus.

2.4 Aufstand gegen die Vielgestaltigkeit der Welt

Grundlage: Radiosendung: Fundamentalismus und Moderne

In den achtziger Jahren, als der Islamismus, vor allem im Iran, die Diskussionen der Weltöffentlichkeit bestimmte, war der Begriff „Fundamentalismus" in aller Munde, auch wenn die meisten Menschen nicht wussten, was damit gemeint war. „Fundamentalist" wurde geradezu zum Schimpfwort. Inzwischen ist man zu den Begriffen „Rassismus" und „Rassist" zurückgekehrt. Für die meisten Schüler ist „Fundamentalismus" heute ein unbekanntes Wort, obwohl die Sache nach wie vor eine große Rolle spielt.

Wenn der Begriff auf andere Religionen wie den Islam oder das Judentum angewandt wird, ist das schon ein übertragener Gebrauch. Er bezieht sich nämlich zunächst auf eine christliche Glaubensrichtung, die in den USA entstanden und dort auch zu politischer Bedeutung gekommen ist.

Fundamentalisten wenden sich gegen eine Erfahrung, die viele Menschen in der Moderne ängstigt. Das gesellschaftliche Leben wird immer unübersichtlicher, traditionelle Werte werden in Frage gestellt, es wird immer schwieriger, zwischen richtig und falsch oder gut und böse zu unterscheiden. Diese Menschen wünschen sich eine überschaubare und eindeutig deutbare Lebensweise, einen Glauben, der ihrem Wunsch nach einem Schwarz-Weiß-Denken entspricht.

Statt einer fachwissenschaftlichen Diskussion um Glaubenswahrheiten und ethische Kriterien akzeptieren sie eine Lehre, die die einzig richtige Interpretation ihrer Religion darstellt. Dafür sind sie bereit, moderne wissenschaftliche Erkenntnisse zu negieren und ihre Heilige Schrift wörtlich zu nehmen. Konflikte in der modernen Welt erklären sie damit, dass viele Menschen diesen einfachen Glauben nicht teilen. Dabei sehnen sie sich in einen idealisierten „Ursprungszustand" zurück, von dem sie glauben, dass alles besser war, ohne dass es dafür historische Belege geben kann.

Diese Gruppen ziehen sich entweder von der Mehrheitsgesellschaft zurück („Zeugen Jehovas") oder versuchen, ihre Macht einzusetzen, damit ihre Vorstellung das ganze gesellschaftliche Leben durchdringen kann. Zum Beispiel setzen sich fundamentalistische Gruppen in den USA dafür ein, dass es verboten wird, im Biologieunterricht die Evolutionslehre zu lehren, weil die Bibel die Schöpfung der Welt in sechs Tagen darstellt.

In der öffentlichen Diskussion wurden dann vergleichbare Gruppen innerhalb anderer Religionen ebenfalls als Fundamentalisten bezeichnet. Heute redet man wieder – passender – z.B. von Islamisten. Sie bilden eine politische

Protestbewegung – letztlich gegen Kolonialismus und europäische bzw. amerikanische Einflüsse -, die, an die Macht gekommen, kaum in der Lage ist, die Probleme der Gegenwart zu lösen. So zeigt die iranische Politik, dass die Geistlichen kein effizientes Wirtschaftskonzept haben. Sie beschränken sich weitgehend darauf, ihre Vorstellungen von Sexualethik und der Rolle der Frau durchzusetzen und das Alltagsleben der Menschen entsprechend zu reglementieren.

Sunnitische Islamisten träumen sich in die (erfolgreiche) Zeit der „rechtgeleiteten" Kalifen zurück, ohne zur Kenntnis zu nehmen, dass diese Zeit von gegenseitigen Morden geprägt war und die Spaltung des Islam verursacht hat.

3 Dostojewskijs Parabel vom Großinquisitor

3.1 Die Inquisition: Geschichte und Funktion

Grundlage: Fjodor Dostojewskij: Der Großinquisitor
        Fernsehsendung: Die Inquisition

Die Parabel vom Großinquisitor ist ein Ausschnitt aus dem Roman „Die Brüder Karamasow" (1880) von Fjodor Dostojewskij. Im Gespräch mit seinem gläubigen Bruder Aloscha erzählt der religionskritische Iwan Karamasow diese Geschichte. Er ordnet sie ein in die Tradition europäischer Mysterienspiele, die den Himmel auf die Erde bringen, und nimmt das von seinem Bruder zuvor angesprochene Thema der Vergebung auf, um die Berechtigung von Heil und Vergebung in Frage zu stellen. Der Zusammenhang mit der Romanhandlung wird hier nicht weiter erörtert.

Die Handlung spielt im 16. Jahrhundert, in der Zeit der Inquisition, in der spanischen Stadt Sevilla. Christus (immer nur als „Er" bezeichnet), der seinen Jüngern die Verheißung gegeben hatte, er werde in Herrlichkeit wiederkommen, gibt aus Erbarmen zu den Menschen dem inneren Impuls nach, zu ihnen zurückzukehren, nur vorläufig und für kurze Zeit. Obwohl er ohne jegliches Gepränge völlig unauffällig erscheint, erkennen sie ihn sofort.
Die Zeit, in die hinein er zu ihnen kommt, wird als konfliktreich beschrieben. In Deutschland hat Martin Luther Zweifel an der Wahrheit der einen Kirche gesät und die Bewegung der Reformation initiiert. Gegen diesen „Irrglauben" („der Teufel schläft nicht") reagiert die spanische Kirche mit Autodafés, öffentlichen Verbrennungen als Glaubensbekundung. Das Volk wird als zerrissen zwischen kindlicher Glaubensgewissheit und garstiger Sündhaftigkeit charakterisiert. Es leidet unter seinen Skrupeln und der Inquisition.

Die Inquisition („Untersuchung") war die Kehrseite des kirchlichen Anspruchs, die Gesellschaft in ihrem Sinne christlich zu durchdringen und das Leben der Menschen zu ihrem Heil zu kontrollieren. Häretiker (Abtrünnige) wurden als Gefahr gesehen, weil sie die Einheit zerstörten und kirchliche sowie weltliche Herrschaften fragmentierten.

Im 12. und 13. Jahrhundert bildeten sich die religiösen Reform-gemeinschaften der Waldenser und vor allem der Katharer, die der etablierten Weltlichkeit der katholischen Kirche ein armes und „perfektes" Leben im Sinne Christi entgegen-setzten. Gegen die Katharer bildete sich der „Albigenser-Kreuzzug" (1209-1229). Ihre Geistlichen wurden hingerichtet. 1231 nahmen die „Inquisitoren ketzerischer Bosheit" ihre Arbeit auf.

Zunächst wurde den Menschen in den Gebieten, in denen Untersuchungen stattfanden, Gnade angeboten, wenn sie von sich ausgestanden und bereit waren, andere „Übeltäter" zu denunzieren. Diesen im Schneeballsystem geäußerten Denun-ziationen wurde dann im Geheimen nachgegangen. Wenn der Angeklagte festgenommen wurde und dadurch von dem Vorwurf erfuhr, war die Entscheidung weitgehend gefallen. Die Folter wurde dann angewandt, um Geständnisse zu erzwingen. Zwar galten dafür bestimmte Regeln, die aber nicht immer eingehalten wurden.

Historisch bekannt sind die Prozesse gegen Jeanne d'Arc (1430/31) und Galileo Galilei (1633) und vor allem die Hexenprozesse (15.-18. Jahrhundert). Schon diese Stichpunkte machen deutlich, dass die Inquisition kein kontinuierliches Phänomen war. Sie wurde in verschiedenen Ländern und zu verschiedenen Zeiten unterschiedlich organisiert, flammte „nach Bedarf", teilweise angetrieben durch Fanatiker, aber auch durch politisches Kalkül, auf und verebbte wieder zu Zeiten relativer Ruhe. Das 1542 gegründete Heilige Offizium, die römische Inquisitionsbehörde, bestand offiziell bis 1965 und bekam dann als „Glaubenskongregation" die Aufgabe, missliebige Theologen zu maßregeln, ohne sie verbrennen zu müssen.

Die Inquisition in Spanien stand von Anfang an unter der Kontrolle der dortigen Könige, die die Inquisitoren ernennen (bzw. den Großinquisitor vorschlagen) durften. Sie richtete sich zunächst gegen „rückfällig gewordene" Juden und Muslime, die im 14./15. Jahrhundert im Zuge der Rückeroberung Spaniens zum Christentum übergetreten waren. Diese „Mischbevölkerung" löste von Anfang an starkes Misstrauen aus. Später wurden geflohene ehemalige Juden auch in Portugal sowie in den spanischen Kolonien des amerikanischen Kontinents verfolgt, ebenso wie die dortigen Einheimischen. Mit dem Aufkommen der Reformation im 16. Jahrhundert richtete sich die Inquisition zunehmend gegen Versuche, diese neue Lehre auch in Spanien heimisch zu machen. In großen öffentlichen Veranstaltungen wurden teilweise Hunderte von Ketzern verbrannt. In Spanien wurde die Inquisition erst im Zuge der napoleonischen Feldzüge abgeschafft.

Vorbild für Dostojewskij war die Gestalt des Großinquisitors in Friedrich Schillers Drama „Don Carlos" (1787), der in unbeugsamer Prinzipientreue, blind (auch für Gefühle und jegliche Toleranz) dem spanischen König Philipp II. seine unnachgiebige Linie aufdrückte.

Ohne sich aufzudrängen, ohne Reden zu halten, ganz aus der Ausstrahlung seiner Persönlichkeit wirkt Christus in Dostojewskijs Parabel. Mit einem „stillen Lächeln unendlichen Mitleides" lässt er die Menschen die Kraft seiner Liebe spüren. Von der Berührung mit dieser inneren Kraft geht heilende Wirkung aus.

Die Menge umringt ihn spontan, weil sie ihn erkennt und seine Kraft spürt. Ihr Inneres wird erschüttert, sie erwidern seine Liebe. Man könnte von einer Art Ekstase sprechen.

Anders reagiert der fast neunzigjährige Großinquisitor. Er wird als aufrecht und von entschiedenem Willen getragen charakterisiert, zugleich aber als „eingetrocknet" und jede Veränderung ablehnend. Er trägt nur einfache Kleidung, die seinen Kardinalsrang nicht nach außen kehrt, übt aber natürliche Autorität aus, sodass das Volk ihn ohne Widerstand gewähren lässt. Sein „Gesicht hat sich verfinstert." Er lässt Christus in den Kerker werfen und sucht ihn nachts zu einem Verhör auf. Der Gefangene bleibt dort weiterhin stumm, sodass das „Gespräch" der beiden ausschließlich ein Monolog des Großinquisitors ist. Dieser wirft Christus vor, sie (d.h. die Kirche) in ihrem Tun zu stören. Er werde verurteilt und verbrannt werden, und niemand werde sich für ihn einsetzen, da die Menge wankelmütig und willfährig sei. Zuvor will sich der Großinquisitor aber seinen Frust von der Seele reden.

3.2 Freiheit und Brot zugleich?

Grundlage: Mt 4,1-11
       Fjodor Dostojewskij: Der Großinquisitor

Die Versuchung Jesu steht in den Evangelien (Mt, Mk und Lk) in unmittelbarer Nähe zur Tauferzählung. Nach der Taufe durch Johannes am Jordan wird Jesus von Gott als „geliebter Sohn" beglaubigt. Wenn er sich anschließend 40 Tage lang zum Fasten in die Wüste zurückzieht, vollzieht sich seine innere Auseinandersetzung mit seiner Rolle und damit die Vorbereitung auf sein öffentliches Wirken. 40 ist die Symbolzahl der Bereitung. Das Volk Israel musste 40 Jahre lang durch die Wüste ziehen, bevor es das gelobte Land in Besitz nehmen konnte. In dieser Zeit ist es manchen Versuchungen erlegen. Dass Jesus – wie es der menschlichen Natur entspricht – Versuchungen ausgesetzt war und sie bestanden hat, bewahrheitete nachträglich Gottes "Proklamation". Taufe und Versuchung waren wohl von Anfang an miteinander verknüpft und interpretierten Jesu Sendung aus der Sicht der frühen Gemeinden.

Jesus überlässt sich völlig dem Willen des Vaters und verzichtet darauf, manipulativ auf sein Geschick und die Reaktionen seiner Mitmenschen Einfluss zu nehmen. Er verzichtet darauf, Wunder als wirksame Massenspektakel zu veranstalten und damit die Menschen geradezu zum Glauben und zur Verehrung zu „zwingen". Er verzichtet darauf, Gottes Hilfe als Werbemittel einzufordern und den Vater damit zu instrumentalisieren. Und er verzichtet darauf, Macht und Ruhm „anzubeten", den eigenen Erfolg über Gott zu stellen. Damit setzt er sich von den gängigen Messiasvorstellungen der Zeit ab, die einen mächtigen König erwarteten, der die fremden Herrscher gewaltsam aus dem Lande wirft und Israel befreit. Sein Verhalten in der Versuchungsgeschichte weist schon auf den machtlosen Gottesknecht hin, dessen Stärke (nachträglich) im Leiden offenbar wird.

Jesus nimmt mit seiner Entscheidung aber auch die Menschen ernst. Glauben kann man nicht erzwingen, und wenn dies durch unwiderlegbare Wunder geschähe, wäre der Glaube kein Glaube mehr. In jeder menschlichen Beziehung aber, und das gilt auch für die Beziehung zu Gott, bleibt Unsicherheit bestehen und ist Vertrauen nötig. Ein Wissender besitzt Macht, der Vertrauende kann sich aber ganz der Macht Gottes unterstellen.

Dass Jesus die Angebote abgelehnt hat ,die ihm der „furchtbare und kluge Geist, der Geist der Selbstvernichtung und des Nichtseins", also der Teufel, gemacht hat, sieht der Großinquisitor als seinen entscheidenden Fehler an. Statt den Menschen Freiheit zu ermöglichen, hätte Jesus ihnen Brot geben sollen. Das hätte ihrer Sehnsucht entsprochen und ihre fromme Unterwerfung ermöglicht. Die einmalige Chance, Macht auszuüben und auf die Menschen zu wirken, habe Jesus nicht genutzt. Das habe unzählige Irrtümer der Menschengeschichte ermöglicht, die hätten verhindert werden können. Zum Glück habe er seine Angelegenheiten der Kirche übergeben und die habe jetzt die Mittel gefunden, den Menschen ihr Glück zu bringen, indem sie von ihrer Freiheit suspendiert würden.

Der Großinquisitor hält die Menschen für einfältig, stets manipulierbar und von Natur aus schlecht. Die Freiheit, die Jesus ihnen ermöglicht hatte, habe bei ihnen nur Angst und Orientierungslosigkeit hervorgerufen. Sie strebten danach, etwas zu verehren, und wenn sie nicht dazu gebracht würden, Gott anzubeten, nähmen sie eben etwas anderes. Nichts sei ihnen wichtiger, als die erworbene Freiheit so schnell wie möglich wieder loszuwerden. Niemals seien die Menschen aber von sich aus in der Lage, das Lebensnotwendige zu teilen. Daher seien sie bereit, ihre Freiheit demjenigen zu opfern, der ihnen genügend Brot ermögliche. Denn „Freiheit und reichliches irdisches Brot für einen jeden zusammen" seien undenkbar.

3.3 Freiheit im Glauben?

Grundlage: Fjodor Dostojewskij: Der Großinquisitor
 Kirchenamtliche Dokumente zur Religionsfreiheit

Was Jesus versäumt hat, als er die Angebote des Teufels zurückwies, das habe die Kirche angenommen, sagt der Großinquisitor: Wunder, Geheimnis und Autorität. Menschen sehnten sich nach Brot, sie sehnten sich aber auch nach einem Zweck ihres Lebens. Die Kirche habe ihre Gewissen verführt, ihnen ihre kleinen Sünden gestattet und damit ermöglicht, dass sie ruhig schlafen können. Die Menschen wollten „wie eine Herde" geleitet werden und sich dem Geheimnis unterordnen. Und sie wurden davon überzeugt, dass sie nur glücklich werden könnten, wenn sie zu Gunsten der Kirche auf ihre Freiheit verzichteten.

Zwar würden die Menschen getäuscht, denn die Kirche könne aus Steinen kein Brot machen. Sie nehme ihnen das Brot weg, um es anschließend denjenigen, die gehorsam sind, wieder zu verteilen. Und am Ende würden alle Toten wahrscheinlich einfach verlöschen, aber sie seien sanft und voller Vertrauen auf eine himmlische Seligkeit gestorben. So würden nach und nach alle Menschen glücklich.

Jesus habe die Menschen zu hoch eingeschätzt und dadurch überfordert. Nichts aber sei für sie qualvoller als die Freiheit des Gewissens. Statt sie zu frei erwiderter Liebe zu bewegen, habe er damit dem Zweifel und dem Unglauben Tür und Tor geöffnet. Sie seien dem „Unfug des freien Geistes" gefolgt, „ihrer Wissenschaft und Menschenfresserei", und seien darunter zusammengebrochen.

Jesus habe damals seinen Auftrag verpatzt. Die Kirche aber habe schließlich das Angebot des Teufels wahrgenommen, als sie von den Herrschern zur bindenden Religion erklärt worden sei. Sie habe Jesu Tat verbessert. Denn obwohl sie sich auf ihn berufe, sei sie nicht mit ihm im Bunde, sondern mit dem Teufel. Deutlich spricht der Großinquisitor aus, dass er von Jesus nicht geliebt werden wolle, denn er liebe ihn auch nicht. Dagegen liebe er die Menschen mehr, als Jesus dies getan habe. Denn er habe ihre Schwäche freundlich anerkannt und alles getan, ihre Sehnsucht zu stillen.

Am Ende des Gespräches, nachdem der Großinquisitor sich alles von der Seele geredet hat, erwartet er von Jesus, der die ganze Zeit geschwiegen hat, eine Reaktion, und sei es eine Verwünschung. Jesus aber sieht ihn an, nähert sich ihm und küsst ihn auf die Lippen. Von dieser Antwort verwirrt und erregt, öffnet der Großinquisitor die Tür und lässt ihn gehen. Niemals solle er wiederkommen, schreit er ihm nach. „Der Kuss brennt auf seinem Herzen", aber seine Einstellung und sein Verhalten hat er nicht verändert.

In seiner Enzyklika (Lehrschreiben) „Mirari vos" verurteilte Papst Gregor XVI. 1832 die Glaubensfreiheit. Es sei ein „Wahn, einem jeden müsse die Freiheit des Gewissens zugesprochen und sichergestellt werden". Dies bahne einer ungezügelten Meinungsfreiheit den Weg, die zur Zerstörung jeglichen Gemeinwesens führe.

In der Tat hat sich die katholische Kirche lange Zeit mit den Menschenrechten schwergetan. Der Mensch habe seine besondere Würde und seine Rechte als „Bild Gottes" von seinem Schöpfer verliehen bekommen. Sie könne ihm also nicht unabhängig von seinem Glauben an die göttliche Wahrheit zukommen. Wer den wahren Glauben verleugnet, besitze kein Menschenrecht auf Irrtum.

Diese Haltung der Kirche wurde vom irischen Schriftsteller James Joyce (1882-1941) charakterisiert: „Es gibt keine Ketzerei oder Philosophie, die der Kirche so verabscheuungswürdig ist wie das menschliche Wesen."

Die Kirche vollzog im Zweiten Vatikanischen Konzil eine Kehrtwende. In der Erklärung „Dignitatis humanae" (1965) band sie die religiöse Freiheit an das Gewissen des Einzelnen. Ihm müsse er unbedingt folgen und dürfe nicht durch Zwang daran gehindert werden. Zwar verpflichte ihn das Gewissen, sorgfältig nach der Wahrheit zu suchen, doch selbst, wenn ein Mensch diese Pflicht vernachlässige, müsse man das akzeptieren. Die Freiheit des Glaubens sei nicht in seinem Verhalten, sondern in seinem Wesen begründet.

4 Gott ist anders, als wir ihn machen wollen (Das Buch Jona)

4.1 Mach dich auf den Weg ... und flieh

Grundlage: Jona 1; 2,1f.11; 3,1-3

Das Buch Jona ist eine Lehrerzählung, verfasst von einem Theologen wahrscheinlich gegen Ende des 4. Jahrhunderts vor Christus. Um seine Botschaft (oder besser: seine theologische Frage) zu verbreiten, arbeitete er bekannte Versatzstücke in seine Geschichte ein. Jona wird in 2 Kön 14,25 als Prophet im 8. Jahrhundert erwähnt. Mehr wissen wir nicht über die historische Person. Deshalb eignete er sich gut zum „Helden" einer theologischen Erzählung. „Jona" bedeutet im Hebräischen „Taube". Dieses Tier galt als flatterhaft und unbeständig (vgl. Hos 7,11). Der symbolische Gehalt des Namens eignete sich also auch für diesen Text.

Die Assyrer, im heutigen Irak beheimatet, übten im 8./7. Jahrhundert die Herrschaft über große Teile des Vorderen Orients aus. Ihre Kriegsführung galt als besonders grausam. Die Töchter unterworfener Völker wurden zu Dirnen der Eroberer, die Söhne zu Arbeitstieren auf ihren Großgütern. Die Hauptstadt Ninive wird in Nah 3,1 als „Blutstadt" bezeichnet. Auch wenn sie 612 unterging, konnten die Menschen im 4. Jh. noch immer die Panik nachvollziehen, die allein dieser Name hervorgerufen hat.

Das Wort des Herrn erging an..." Diese Formel (65mal im AT) begründet einen prophetischen Auftrag. Jona solle als Unheilsprophet nach Ninive gehen. Selten waren Propheten, herausgerissen aus ihrem Alltag, begeistert von dieser Berufung. Aber dennoch kommt Jonas Reaktion unerwartet. Er macht sich tatsächlich auf, aber nicht nach Ninive, sondern in die entgegengesetzte Richtung. In der Hafenstadt Jafo schifft er sich nach Tarschisch ein. Diese Stadt lag gleichsam am „Ende der Welt", westlich von Gibraltar im heutigen Spanien, etwa 3400 km von Jafo entfernt. Die Schiffspassage hätte über ein Jahr gedauert. Jona müht sich also, Gott und seinen Auftrag loszuwerden. Lieber nimmt er die Beschwerlichkeit der Reise und ein Leben in der Fremde auf sich, als nach Ninive („nur" 800 km) zu gehen. Ganz sicher hat er auch Angst vor diesem gewalttätigen Volk, wenn wir auch später noch eine weitere Motivation erfahren. Schon in Israel wurde warnenden Propheten selten Glauben geschenkt, häufig wurden sie verfolgt und mussten Gewalt leiden. Wie sollte es ihm dann im feindlichen Ausland ergehen?

Der äußeren Flucht entspricht eine innere Distanzierung. Auf dem Schiff begibt er sich in den untersten Raum und dort fällt er in einen tiefen Schlaf, der auch durch einen Seesturm nicht gestört wird. Er zieht sich also in die Tiefe auf sich selbst zurück und hofft, dort nicht gestört zu werden. Ein wenig erscheint er wie ein Kind, das sich die Hand vor die Augen hält und denkt, dann nicht gesehen zu werden.

Die Komik der Geschichte entsteht nicht zuletzt durch diesen krampfhaften Versuch. Jeder weiß, dass man Gott nicht davonlaufen kann und – Jona weiß es selbstverständlich auch. Im ganzen Buch wird immer wieder deutlich, dass er ein umfassendes religiöses Wissen besitzt, dass dieses Wissen aber nicht in sein Handeln dringt. Er hat seine Kenntnis irgendwann einmal erworben, aber er rechnet nicht ihrer Wirklichkeit. Der „Hebräer" Jona ist der Ungläubigste der ganzen Handlung.

Die Schiffsbesatzung bildet den Kontrast zu seinem „Unglauben". Multiethnisch und multireligiös zusammengesetzt, raue Gesellen, die alles unternehmen, um dem Sturm zu trotzen, ahnen sie dennoch den religiösen Hintergrund des Geschehens und suchen nach der Gottheit, die sie besänftigen könnten. So erfahren sie, dass Jona vor dem Gott „des Himmels, der das Meer und das Festland gemacht hat", geflohen sei. Dass der, der das Meer erschaffen hat, auch Gewalt über das Meer hat und man nicht vor ihm weglaufen kann, wissen die Seeleute sofort – und Jona jetzt auch. Dennoch versuchen sie, den Propheten noch zu retten, müssen aber schließlich kapitulieren und werfen ihn ins Meer. Die heidnischen Seeleute unterwerfen sich dem Gott Israels.

Der eigentlich Handelnde aber ist Gott selber. Er beauftragt Jona, sendet ihm den Sturm hinterher, beruhigt den Sturm wieder, als der Prophet im Wasser gelandet ist, und sendet einen „großen Fisch", der ihn verschluckt.

Jonas Abstieg wird also fortgesetzt: vom Land auf das Schiff, in den untersten Raum, in festen Schlaf, nun in die Tiefen des Ozeans und in den Bauch des Fisches. Drei Tage und drei Nächte bleibt er hier, symbolisch eine Zeit der Wandlung, und er nutzt die Zeit, seine Lage zu reflektieren. Der Aufenthalt im Fisch ist beides: Gefängnis und Rettung. Jona war bereit, lieber zu sterben, als seinen Auftrag auszuführen, denn ein schnelles Ende erschien ihm angenehmer als die Erwartung endlosen Leides. Nun „erhebt" er sich wieder aus der „Unterwelt". Die Tiefen des Meeres waren immer schon ein Bild für einen Zustand, in dem ein Mensch nicht mehr weiterweiß, den er als „Tod im Leben" empfindet. Die Scheol, die Unterwelt, kann auch schon vor dem biologischen Tod das menschliche Leben bestimmen.

Wie die Beter der Psalmen sich in Augenblicken höchster Not an Gott wenden, so findet Jona (erstmals in diesem Buch) zum Gebet. Bewegungslos im Fisch „kehrt er zu Gott um". Und Gott als Herr von Land und Meer bewirkt, dass der Fisch seinen Passagier wieder ausspuckt, dorthin, wo Jonas Reise begonnen hatte.

Wieder ergeht Gottes Auftrag an Jona, und dieser hat am eigenen Leibe erlebt, dass er ihm nicht entgehen kann. Er macht sich nach Ninive auf.

4.2 Im Bauch des Fisches

Grundlage: Heisterbach-Codex: Jona
Roland Peter Litzenburger: Jona im Bauch des Fisches
Christa Meves: Nachtmeerfahrt

Die Buchmalerei aus dem Heisterbach-Codex (ca. 1240) zeigt Jona im Augenblick der Rettung. Ein massiver Fisch in leuchtend blauer Farbe dominiert, zu einem Halbkreis gebogen, die Bildfläche. Seine Größe wird zusätzlich dadurch veranschaulicht, dass er auf der linken Seite nicht mehr ganz in das Bildfeld hineinpasst. Aus seinem weit geöffneten Maul ragt ein nackter, kahlköpfiger Mann heraus. Ein Großteil der Beine befindet sich noch im Fischkörper. Im oberen Bereich des Bildes ist aus einem angedeuteten Himmelssegment die Hand Gottes zu sehen. Er packt Jona am Handgelenk und zieht ihn aus dem Fisch heraus.

Jonas Darstellung zeigt seine Hilflosigkeit. Er ist ganz auf Gott angewiesen. So greift er nicht nach Gottes Hand, um mitzuhelfen, sondern bleibt passiv. Seine linke Hand ist allerdings wie zum Gebet erhoben. Nackt und ohne Haare wird er gleichsam wie ein Säugling aus dem Körper des Fisches neu geboren. Sein Blick richtet sich vertrauend auf die Hand seines Retters.

Der blaue Ärmel Gottes hat die gleiche Farbe wie der Körper des Fisches. Die dargestellte Gruppe, Fisch, Jona, Gott, bildet zusammen ein geschlossenes Oval: Fisch und Gott werden nicht nur durch Jonas Körper miteinander verbunden, sondern die Schwanzflosse des Fisches ragt auch in den Himmelsbereich

44

hinein. Das „furcherregende" Tier ist nicht mehr als Gottes Werkzeug, Jona an sich zu ziehen. Gott, der seinen Propheten beauftragt hat, ermöglicht ihm auch den Neubeginn. Der bedürftige Mensch wird von Gott nicht in seiner Not allein gelassen, sondern aus seinen Ängsten in ein neues Leben gehoben.

In Litzenburgers Federzeichnung „Jona im Bauch des Fisches" aus dem Jahre 1972 sieht man den Propheten in „embryonaler" Hockstellung schlafend in einem sehr faserig gezeichneten Fischleib. Im oberen Teil des Bildes ist die Wasseroberfläche – oder eher das Land – angedeutet. Der leblos dargestellte große Fisch ähnelt einer Wurzel, die sich nach oben durcharbeitet, um Blüte und Frucht, neue Lebendigkeit, hervorzubringen. „Wenn das Weizenkorn nicht in die Erde fällt und stirbt, bleibt es allein; wenn es aber stirbt, bringt es viel Frucht." (Joh 12,24) Litzenburgers Bild deute ich als Angebot, aus dem „Tod" zum Leben zu erwachen, Krisen zu einer neuen Ausrichtung und einem Neubeginn des Lebens zu nutzen. Im Tod „schläft" das Leben bereits, es muss nur noch erwachen.

Christa Meves sieht die Jona-Geschichte als bildliche Darstellung eines seelischen Wandlungsprozesses. In der Talsohle der Depression hätten Menschen oft den Eindruck, in das Maul eines riesigen Ungeheuers gesogen zu werden, hilflos und ohne

Erwartung künftiger Rettung. Ihnen werde aber auch bewusst, dass ihr gegenwärtiges Leben der Erfahrung äußerster Bewegungslosigkeit entspricht. Anstatt ihr Leben zu leben, haben sie sich in sich selber zurückgezogen. Es sei notwendig, Verantwortung zu übernehmen, den nächsten Schritt der eigenen Entwicklung zu gehen, Risiken einzugehen. Sie aber seien vor Furcht erstarrt und feige zurückgewichen, hätten sich gedrückt. Doch so, wie Jona wieder an Land gespuckt worden sei, sei es ihnen dann möglich geworden, sich wieder zu orientieren und ihr Leben neu in Angriff zu nehmen.

Da sich alles im Leben ständig verändert, ist ein Beharren auf einem Entwicklungsschritt unmöglich. Die Krise ist eine Zeit der Wendung nach innen, der Besinnung und dann der Wandlung. Der Zustand des „Embryos" Jona im Fisch versinnbildlicht seine Bereitschaft, die gestellte Aufgabe anzugehen, trotz seiner Angst und Skrupel. So ist die Jona-Geschichte auch ein passendes Bild für die Neuorientierung, die nach dem Abitur für die Schüler notwendig wird. Manchen fällt es schwer auf den „mütterlichen Schoß" der Schule, die ihnen Zeitplan und Aufgaben vorgibt, zu verzichten

4.3.Gerechtigkeit oder Liebe?

Grundlage: Jona 3-4

Die beiden Teile des Buches Jona haben einen symmetrischen Aufbau: Beauftragung durch Gott – Reaktion des Propheten – Umkehr der Heiden – Gebet Jonas – pädagogisches Handeln Gottes an seinem Propheten.

Eher widerwillig kommt Jona seinem Auftrag nach: Ninive werde in 40 Tagen zerstört. Keine Anweisung an die Bewohner ist diesem einen Satz hinzugefügt, kein „Schlupfloch". Und von Gott Jahwe ist mit keinem Wort die Rede.

Verschiedene Bedenken werden Jona zuerst gehindert haben, Gottes Ruf nachzugeben: Angst vor der sagenumwobenen Grausamkeit der Niniviten, Angst davor, nicht ernst genommen und verlacht zu werden. Doch die Reaktion der Stadt kommt unerwartet: König und Volk von Ninive sehen ihre Schuld ein, tun Buße und verändern ihr Verhalten. Und Jona, der das Geschehen beobachtet, muss erleben, dass Ninive nicht zerstört wird.

Damit wird der theologisch wichtigste Grund für Jonas Weigerung deutlich: Wenn diejenigen, die es wert sind, zutiefst gehasst und verachtet zu werden, vernichtet werden sollen, dann sollte man sie nicht rechtzeitig warnen. Jona traute Gottes Konsequenz nicht über den Weg. Und dass er damit die Lage richtig beurteilt hat, wirft er ihm nun vor. Auch Gott kann sich doch nicht einfach über das Leid der Opfer Assyriens hinwegsetzen. Und soll Israel weiterhin seine überlegenen Feinde ertragen?

Während Jona – zunehmend mit Gott hadernd – die Stadt beobachtet, spendet Gott ihm Schatten durch einen Rizinusstrauch, den er ihm anschließend wieder nimmt. Da die Hitze unerträglich ist, ist es Jona um diesen Baum leid und seine Stimmung sinkt noch mehr. Doch Gott macht ihm die Eigennützigkeit seiner Klage bewusst. Denn wie viel mehr sei diese große Stadt als der kleine Rizinusstrauch. Wie er von Gott komme, so auch die vielen Menschen und Tiere, um die es Gott leid wäre. Wenn der Schöpfer des Lebens alles unternimmt, um dieses Leben zu erhalten, dann ist das kein Selbstwiderspruch Gottes.

Jonas Antwort auf die Belehrung ist im Text nicht mehr erhalten. Sie wird an den Leser weitergegeben. Muss es für Gottes Barmherzigkeit nicht doch Grenzen geben?

Das Buch Jona kritisiert einerseits eine religiöse (bzw. nationale) Engstirnigkeit: Das von Gott gewährte Heil soll exklusiv für meine Gruppe reserviert sein. Wir „Erlösten" wollen uns von der „bösen" Umwelt abgrenzen, die von Gott bestraft werden soll. Doch Gott hält sich nicht an von Menschen gesetzte Grenzen. „Ich gewähre Gnade, wem ich will, und ich schenke Erbarmen, wem ich will."

(Ex 33,19) Gott anzuerkennen, heißt auch, die Wege, die meinen nicht entsprechen, zu akzeptieren und das richtige Verhalten der anderen wahrzunehmen. Wie ich mich verändern kann, können das die anderen auch.

So wirft das Buch Jona auch die grundsätzliche Frage auf, ob wir bereit sind, Gottes Barmherzigkeit anderen Menschen gegenüber zu akzeptieren. Wie weit ist unser Gerechtigkeits-gefühl von Neid und Engstirnigkeit bestimmt?

Vor allem aber wird deutlich, dass jeder Glaubende – egal welcher Religion – bereit sein muss, sich immer wieder neue Fragen zu stellen, wenn es darum geht, Gott zu verstehen, dass es nicht genügt, die gelernten Formeln nur zu wiederholen und dass der „richtige" Glaube nicht von Taten des Mitgefühls und der Liebe entbindet.